I0792349